CATALOGUE

DE

BEAUX BRONZES

D'ART ET D'AMEUBLEMENT

Groupes, Statuettes, Vases, Coupes, petits Bronzes
Pendules, Cartels, Candélabres
Flambeaux, Chenets, Lustres, Suspensions, Lanternes
Appliques
Coupes, Jardinières et Lampes en émail cloisonné
Porcelaine de Chine
et Porcelaine tendre montées en bronze
Belles Glaces et Miroirs de fantaisie, Colonnes
Bahuts et Tables de salon, Meubles de fantaisie
Groupes et Figurines en porcelaine de Saxe

DONT LA VENTE AUX ENCHÈRES PUBLIQUES AURA LIEU

PAR SUITE DE CESSATION DE COMMERCE

De M. V. CLERMONT

Et en vertu d'une autorisation du Tribunal de commerce de la Seine
en date du 3 Décembre 1886, enregistrée

HOTEL DROUOT, SALLE Nº 8

Les Lundi 27, Mardi 28 et Mercredi 29 Décembre 1886

A DEUX HEURES

Par le ministère de Mᵉ **ESCRIBE**, Commissaire-Priseur,
rue de Hanovre, 6,

ASSISTÉ DE

M. BOUHON	M. DACHERY
FABRICANT DE BRONZES	FABRICANT DE BRONZES
Rue de Belleyme, nº 12	Rue des Filles-du-Calvaire, nº 7

CHEZ LESQUELS SE TROUVE CE CATALOGUE

EXPOSITIONS PUBLIQUES

1º **Dans les Magasins de M. CLERMONT, avenue de l'Opéra, n. 30, à l'Entresol**, les Mercredi 22 et Jeudi 23 Décembre 1886, de 1 heure à 5 heures.

2º **SALLE Nº 8**, à l'Hôtel des Ventes : les Samedi 25 (jour de Noël) et Dimanche 26 Décembre 1886, de 1 heure à 5 heures.

PARIS 1886

CONDITIONS DE LA VENTE

Elle sera faite au comptant.

Les Acquéreurs paieront, en sus du prix des adjudications, CINQ CENTIMES PAR FRANC, applicables aux frais.

Aucune réclamation ne sera admise une fois l'adjudication prononcée.

DÉSIGNATION

1 — Un grand Cartel Louis XIV en bronze poli.

2 — Un Cartel Louis XIII en bois noir et bronze poli.

3 — Un Support Louis XIII pour cartel.

4 — Une Pendule : Éléphant en bronze.

5 — Deux Candélabres : Tritons bronze fumé et poli.

6 — Un Socle de pendule en marbre rouge, ornements Louis XVI, bronze doré mat mercure.

7 — Un Enfant en marbre blanc.

8 — Deux Candélabres Louis XVI, Vases en marbre blanc à bas-reliefs et bronze doré, mercure mat.

9 — Un Éléphant en émail cloisonné, portant une pendule de voyage.

10 — Deux Flambeaux Ibis en émail cloisonné et bronze doré.

11 — Une grande Pendule Louis XV à sujets, en bronze doré, parties mat mercure.

12 — Une petite Pendule Renaissance en bronze doré et argenté.

13 — Deux Candélabres bouts-de-table, à 2 lumières.

14 — Une Pendule style Louis XV en bronze doré.

15 — Deux Bouts-de-Table à 3 lumières, bronze doré, style Louis XV.

16 — Une Pendule Louis XVI à consoles, à vase en porcelaine pâte tendre de Tournay. Les bronzes au mat mercure.

17 — Deux Candélabres à 6 lumières, à vases en porcelaine pâte tendre, décor à sujets marines. Les bronzes dorés mat mercure.

18 — Un Support en marbre et bronze doré : Lion héraldique.

19 — Une Pendule de voyage Réveil, avec émaux de Limoges et bronzes dorés.

20 — Une grande Pendule Cornes d'Abondance, style Louis XVI, bronzes dorés mat mercure.

21 — Deux Candélabres Louis XVI, mat mercure.

22 — Une Pendule Louis XVI, bronzes dorés mat mercure, avec Enfant porcelaine pâte tendre (bleu turquoise).

23 — Deux Bouts-de-Table à 3 lumières.

24 — Une Pendule Louis XVI à sujet porcelaine, en pâte tendre bleu turquoise. Les bronzes dorés.

25 — Une Pendule : Leçon de Lecture, Enfant en porcelaine, pâte tendre bleu turquoise et bronzes dorés mat mercure.

26 — Deux Candélabres à 4 lumières, bronzes dorés mercure.

27 — Une Pendule à glaces Louis XVI, bronzes dorés mercure avec parties mat.

28 — Un Socle style Louis XVI pour pendule. Les bronzes dorés mat mercure.

29 — Un Bronze : la Bise, de Mathurin Moreau. (Sculpture.)

30 — Deux Candélabres à vases bronzés.

31 — Une grande Pendule Louis XV, vernis Martin, ornements en bronze.

32 — Un Support, vernis Martin et bronzes.

33 — Une petite Pendule en bronze poli.

34 — Deux Bouts-de-Table à 2 lumières, en cuivre poli.

35 — Une Pendule Louis XV avec Enfants, bronzes mat mercure.

36 — Deux Candélabres à 4 lumières avec Enfants dorés mercure.

37 — Une Pendule Louis XIV, Sphinx en bronze doré.

38 — Deux Candélabres, Cariatides en bronze doré.

39 — Une Pendule : le Roi Jean, en fer poli avec émaux sur porcelaine.

40 — Deux Candélabres à 7 lumières en fer poli.

41 — Une Pendule, bronze doré supportée par un Éléphant, émail de Chine cloisonné.

42 — Deux Candélabres Ibis, émail de Chine, à 3 lumières, bronze doré.

43 — Une Pendule en marbre rouge et bronze doré.

44 — Une Statuette : Marguerite.

45 — Deux Candélabres en bronze et marbre rouge.

46 — Une Pendule d'après l'ancien, style Louis XVI : Amour captif en marbre blanc et bronze doré mercure.

47 — Une grande Pendule Louis XVI à trophée en porcelaine pâte tendre, fond bleu turquoise. Bronzes dorés mat mercure.

48 — Deux Candélabres Louis XVI, bronze doré mercure.

49 — Une Pendule Louis XVI, en marbre blanc et bronze doré mercure.

50 — Deux Bouts-de-Table en bronze doré mercure.

51 — Une Pendule en bronze à bas-reliefs d'Enfants et marbre noir.

52 — Un Penseur bronze, d'après Michel-Ange.

53 — Deux Coupes en marbre noir et bronze.

54 — Une petite Pendule Renaissance bronze, or et argent, avec Baromètre-Thermomètre et Quantièmes.

55 — Deux Bouts-de-Table Renaissance, en bronze, or et argent.

56 — Une petite Pendule en marbre blanc et bronze doré.

57 — Une grande Pendule Louis XVI (Amour enchaîné), en bronze doré mat mercure.

58 — Deux Candélabres à six lumières, en bronze doré mat mercure.

59 — Une Pendule Louis XVI, en marbre turquin et bronze doré mat mercure.

60 — Deux Candélabres en marbre turquin et bronze doré.

61 — Un Cartel Louis XIV, en bronze doré.

62 — Une Pendule en marbre rouge et bronze doré. Sujet Pénélope, argenté.

63 — Deux Candélabres en marbre griotte, or et argent.

64 — Une Pendule en marbre onyx et bronze, or et argent.

65 — Deux Candélabres en marbre onyx et bronze, or et argent.

66 — Une grande Pendule Louis XIII, en bois noir et bronze doré. Double face.

67 — Deux Candélabres à cinq lumières, en bois noir et bronze doré.

68 — Une Pendule en marbre onyx et bronze doré, bas-reliefs, argentés.

69 — Une Pendule, Louis XVI, d'après l'ancien, sur marbre griotte et bronze doré mercure

70 — Deux Candélabres (Enfants de Clodion), en bronze, à trois lumières, dorés.

71 — Un petit Cartel Louis XVI, en bronze doré.

72 — Un Cartel-Pendule et Thermomètre en cuivre poli.

73 — Un Socle-Pendule, Louis XVI, en marbre blanc et bronze doré.

74 — Une Pendule avec Buste en marbre blanc (le Printemps), par Grégoire, bronzes dorés.

75 — Deux Girandoles Louis XVI, à six lumières, avec cristaux taillés.

76 — Une petite Pendule Louis XVI en marbre griotte et bronze doré.

77 — Deux Bouts-de-Table, à trois lumières.

78 — Une petite Suspension de salle à manger (Chimères), bronze doré.

79 — Une grande Suspension de salle à manger style Renaissance, à seize lumières et lampe, en bronze poli.

80 — Une Suspension de salle à manger, à trois contre-poids, style Renaissance, à douze bougies et lampe, en cuivre poli gras.

81 — Une Suspension à neuf bougies et lampe, en bronze poli vif.

82 — Une Suspension à neuf bougies et lampe en bronze nickelé.

83 — Une Suspension à douze bougies et lampe, Louis XIII, en cuivre poli.

84 — Une Suspension à six lumières et lampe style Louis XIII, avec abat-jour à carapace en cuivre poli.

85 — Une petite Suspension-Jardinière en faïence à six bougies, en bronze poli.

86 — Une Lampe-Suspension en porcelaine de Sèvres et bronze doré.

87 — Une Lampe-Suspension en porcelaine craquelée et bronze.

88 — Un' Lustre à vingt-quatre lumières, style Louis XVI, verni mat, riches cristaux taillés.

89 — Un Lustre Flamand, à douze bougies, en cuivre poli.

90 — Un Lustre à vingt-sept bougies, à cristaux et bronze verni.

91 — Un Lustre à douze lumières à cristaux boules et bronze verni.

92 — Un petit Lustre à six lumières, à cristaux taillés.

93 — Un petit Lustre à six lumières en bronze poli.

94 — Un petit Lustre à vingt-quatre lumières, Louis XIV, à cristaux.

95 — Un grand Lustre à vingt-quatre lumières, très riche, à cristaux.

96 — Un Lustre à six bougies, Louis XVI, à cristaux riches.

97 — Un Lustre à douze bougies, en cuivre poli.

98 — Un Lustre Louis XIV, à douze lumières en bronze, verni riche.

99 — Un Lustre à douze lumières, cristaux riches, Louis XVI.

100 — Une Lampe en fer forgé, genre antique, au gaz.

101 — Douze Appliques, bras de lumières divers, avec cristaux taillés.

102 — Huit Appliques, bras de lumières divers, sans cristaux.

103 — Une grande Lanterne de vestibule à gaz, très riche, glaces biseautées et bronze poli.

104 — Une Lanterne de vestibule, riche, à gaz, glaces gravées, bronze poli.

105 — Une grande Lanterne nickelée, à gaz, verres dépolis.

106 — Huit autres Lanternes de vestibules, diverses

107 — Deux Lampadaires en bronze, avec lampes.

108 — Deux grands Vases de Chine, montés avec bronze, fleurs formant torchères.

109 — Deux grandes Glaces à biseaux, bois noyer et bronze poli.

110 — Une Glace en noyer et cuivre poli, frises à sujets.

111 — Une glace biseautée, ovale dans un carré, bronze doré à enfant.

112 — Une petite Glace-Miroir Louis XIII, avec bronzes dorés.

113 — Une Glace Louis XIV, à biseaux, dorée.

114 — Une glace à biseaux, style Louis XIII, en bois noir.

115 — Une Glace Louis XIV, ovale dans un carré, cadre doré.

116 — Une Glace Louis XIII, à biseaux, cadre en bois noir.

117 — Une Glace, médaillon, tout glace.

118 — Une Glace carrée, dorée, à biseaux.

119 — Une grande Glace de Venise, forme carrée.

120 — Une Glace, trophée, oiseaux.

121 — Une grande Glace, fronton, dorée.

122 — Deux glaces ovales, en bois sculpté doré, avec girandoles, 3 lumières à cristaux.

123 — Une grande Glace biseautée, à bandes dorées.

124 — Une Glace Louis XIII, à biseaux, en bois noir et bronzes dorés.

125 — Une Glace, médaillon Venise, tout Glace.

126 — Une Glace, cadre doré.

127 — Un Miroir-Toilette Louis XVI, à 2 lumières, glace biseautée et bronze doré.

128 — Un Miroir-Toilette Louis XVI, à biseaux, bronze doré.

129 — Une petite Glace-Toilette, en bois noir, or et argent.

130 — Un Miroir en bronze doré et émaux cloisonnés.

131 — Un Groupe en bronze, Pomone, sur base marbre, plateau tournant.

132 — Deux Candélabres en bronze, sur pieds en marbre.

133 — Deux Bronzes, Atalante et Hippomène, sur fûts en marbre.

134 — Un Bronze, Vénus couchée.

135 — Un Groupe en bronze. Éducation maternelle (de Grégoire), base en marbre.

136 — Un Bronze, Automne, argenté et bronzé, base en marbre.

137 — Un petit Groupe en bronze, Cerf et Biche.

138 — Un grand Vase en bronze (à bas-reliefs chevaux), formant jardinière.

139 — Deux tableaux en bronze (Départ et Retour des Hirondelles). Cadres en cuir.

140 — Un grand Sujet en bronze (Enfant espiègle).

141 — Un Guéridon en bronze.

142 — Deux Statuettes en bronze poli (Mars et Minerve).

143 — Deux grands Vases en bronze chinois. (Têtes d'Éléphants).

144 — Un petit Bronze chinois.

145 — Un Groupe en bronze chinois, sur plateau en marbre.

146 — Deux petits Sujets en bronze (Duellistes).

147 — Un Bronze (Cheval de course).

148 — Deux Vases, potiches de Chine, bleu et blanc.

149 — Deux Vases cache-pots, en faïence.

150 — Un Vase en cristal émaillé et bronze doré.

151 — Deux Vases en porcelaine, bleu turquoise, pâte tendre, sujets Watteau et bronze doré.

152 — Un Vase-Cache-Pot, bleu turquoise, pâte tendre de Tournay, monture en bronze doré.

153 — Deux grands Vases de Chine, montés en bronze doré.

154 — Deux Vases-Cache-Pots de Chine.

155 — Deux grands Vases en porcelaine, fond gros bleu grand feu, monture en bronze doré.

156 — Une Coupe en émail cloisonné du Japon, montée sur bronze.

157 — Une Coupe en émail cloisonné de Chine, montée sur bronze.

158 — Une Coupe ovale, bleu turquoise, pâte tendre, monture en bronze doré.

159 — Deux Jardinières-Cache-Pots carrées, bleu turquoise, monture en bronze doré.

160 — Une Coupe ovale, bleu turquoise, à sujets en porcelaine, monture en bronze doré.

161 — Deux petits Vases fonds roses, à sujets, monture en bronze doré.

162 — Deux Vases à serpents, pâte tendre, sujets peints par Grisier, monture en bronze doré.

163 — Une Coupe cloisonnée de Chine, monture en bronze doré.

164 — Une petite Jardinière carrée, en bronze chinois.

165 — Une Coupe avec couvercle en émail cloisonné ancien du Japon, monture en bronze noir et or.

166 — Une Coupe en porcelaine bleu turquoise, à sujets, monture en bronze doré.

167 — Une grande Coupe plate en porcelaine du Japon et bronze doré.

168 — Deux grands Vases, pâte tendre de Tournay, très riches sujets, fond gros bleu grand feu, monture en bronze doré.

169 — Une Coupe-Brûle-Parfums japonais avec couvercle.

170 — Une Coupe ovale en porcelaine, pâte tendre, à sujets bleu turquoise et bronze doré.

171 — Deux Coupes en émail cloisonné sur pieds, en bronze (Chimères).

172 — Deux Vases cloisonnés du Japon ancien, avec plateaux sur le dessus.

173 — Une Coupe en porcelaine du Japon, monture en bronze doré.

174 — Une grande Jardinière ovale, très riche, pâte tendre de Tournay, à sujets, monture en bronze doré.

175 — Deux Coupes vieux Japon, monture en bronze doré.

176 — Un Vase-Cache-Pot barbotine, monté en bronze.

177 — Une Coupe ovale bleu turquoise, pâte tendre, à sujets, monture en bronze doré.

178 — Une Coupe en émail cloisonné de Chine, montée en bronze doré.

179 — Une grande Coupe bleu turquoise, à sujets Watteau, montée en bronze doré.

180 — Une Coupe en porcelaine de Chine (Mandarin), monture en bronze doré.

181 — Une Coupe plate en porcelaine du Japon, monture en bronze doré.

182 — Deux Coupes en pâte tendre ancienne, gros bleu, monture en bronze doré.

183 — Deux Vases fond rose, pâte tendre de Tournay, sujets Watteau, montés en bronze doré.

184 — Une grande Vasque cloisonnée de Chine.

185 — Une grande Vasque cloisonnée sur pied en bois noir.

186 — Une grande Coupe vieux Chine, montée en bronze sur pieds en bois noir.

187 — Une grande Coupe Vasque, céladon de Chine, montée en bronze doré sur pieds en bois noir.

188 — Deux Vases fonds roses à amours, montés en bronze doré.

189 — Deux Vases sur fond blanc, or en relief.

190 — Deux grands Panneaux, émaux de Limoges, encadrés, bois noir et peluche. Sujets le Jour et la Nuit.

191 — Un Panneau peint sur plaque de faïence, cadre en bois noir.

192 — Deux Appliques cloisonnées du Japon et bronze doré à 2 lumières.

193 — Deux Buires en marbre rouge et bronze doré, style Louis XVI.

194 — Un Vase, coupe cratère en marbre rouge et bronze doré.

195 — Un Buvard en cuir, très riche, avec bas-reliefs Enfants, en bronze doré.

196 — Un Encrier, bleu turquoise et bronze doré.

197 — Une Sonnette, un plumier, un cachet, un bougeoir et couteau à papier, le tout en porcelaine bleu turquoise, à Amours et bronze doré.

198 — Une Coupe ovale, cristal taillé et bronze doré.

199 — Deux Étagères en cristal taillé et bronze doré.

200 — Une Coupe en cristal bleu et blanc taillé, monture en bronze doré.

201 — Un grand Porte-Bouquet, quatre cornets en cristal taillé, monté sur bronze.

202 — Un Meuble-Étagère japonais.

203 — Deux Meubles-Buffets salon, en bois noir et bronze verni, Panneaux mosaïque de Florence.

204 — Deux Meubles-Buffets salon, Louis XVI.

205 — Un Meuble encoignure Louis XVI, bois noir et bronze verni.

206 — Un Meuble-Buffet salon, style Louis XVI, marqueterie de bois et bronze doré.

207 — Deux Consoles Louis XVI, en thuya, glaces dans le fond, bronze doré.

208 — Un grand Meuble-Buffet salon, trois parties en bois noir incrusté, médaillons et frises en émail de Limoges.

209 — Un Meuble-Crédence en bois noir et marqueterie de bois riche.

210 — Deux Meubles-Buffets salon, Louis XVI, à colonnes citronnier et thuya, marqueterie de bois.

211 — Une Console ancienne, style Louis XV, bois doré sculpté dessus, marbre brêche d'Alep.

212 — Une petite Étagère en bois gris, marqueterie de bois.

213 — Une Table Louis XV, en bois noir, filets cuivre et bronze doré.

214 — Une grande Table Louis XIV, riche marqueterie en cuivre.

215 — Une grande Encoignure en bois noir et filets incrustés.

216 — Un Bureau cylindre en ébène, incrusté ivoire.

217 — Un Bureau cylindre en thuya et bronze doré.

218 — Un Meuble-Buffet salon en bois de rose, médaillon en porcelaine.

219 — Un Meuble style Louis XVI (à bijoux), en érable, panneaux vernis Martin et bronzes dorés.

220 — Un Meuble bureau bonheur du jour, style Louis XVI, acajou et bronze doré, portes à glaces.

221 — Un petit Meuble-Buffet salon en bois noir et filets avec médaillons et frises grisailles.

222 — Une petite Table forme cœur, vernis Martin.

223 — Une Table Louis XIV en bois noir, filets incrustés et bronze poli.

224 — Une Table Louis XIV en bois noir et bronzes vernis.

225 — Un petit Meuble-Buffet salon en bois noir avec panneaux laque de Chine, bronze doré.

226 — Deux Tables de jeu Louis XIV en bois noir, incrusté ivoire et cuivre.

227 — Un Meuble-Buffet salon en érable et bois gris, marqueterie de bois et bronze doré.

228 — Un Meuble en marqueterie de Boule : Cigarier.

229 — Un petit Bureau en thuya et porcelaine, genre grisaille et bronze doré.

230 — Une petite Table Louis XVI en érable et bronze doré.

231 — Une petite Étagère Louis XVI en acajou.

232 — Un Buffet-Vitrine en bois noir et bronze verni, intérieur garni drap.

233 — Un petit Bureau Louis XVI en bois noir, filets incrustés.

234 — Un grand Guéridon en porcelaine tendre et bronze doré.

235 — Un grand Encrier très riche, en bronze noir et bronze bergamotte.

236 — Un grand Encrier à papeterie, à 2 bougies, bronze poli.

237 — Un Encrier avec Papeterie, en bronze poli.

238 — Un Encrier Louis XIII, en marbre rouge et bronze doré.

239 — Sept autres Encriers divers.

240 — Neuf Colonnes diverses, en marbre et bronze ou bois et bronze doré.

241 — Un lot de divers petits Bronzes, sujets personnages ou animaux.

242 — Une Statuette en marbre blanc (le Mendiant).

243 — Une Statuette en marbre blanc (Hero), sur socle en marbre rouge.

244 — Un Buste (Automne), par Grégoire, en marbre blanc.

245 — Un grand Buste en terre cuite, par Grégoire.

246 — Deux grandes Girandoles Louis XIV, à 6 lumières, à cristaux.

247 — Un lot de divers Cristaux émaillés.

248 — Un lot de Porcelaine de Sèvres comprenant : un Service de table au chiffre de Napoléon, Tasses à thé et à déjeuner, Pots à bouillon, Théières, etc. etc., venant de la famille d'Orléans.

249 — Un lot de divers objets de Saxe, Sujets, Bonbonnières, Porcelaines et Faïences de Chine.

Divers petits Vases en bronze, émail ou porcelaine, montés en bronze.

Diverses Coupes ou Vide-Poches en bronze et émail, Porcelaines montées et bronze doré.

250 — Cinq paires de Chenets en fer forgé, cuivre poli ou verni.

251 — Six paires de Ferrures pour cheminée.

252 — Quinze Lampes de salon en porcelaine, marbre, cloisonné ou faïences montées en bronze, dorées ou bronzées.

253 — Trois Appliques-Supports

254 — Divers Objets non catalogués.

Vve Renou et Maulde, imprimeurs de la Cie des Commissaires-Priseurs, rue de Rivoli, 144. 700—73956

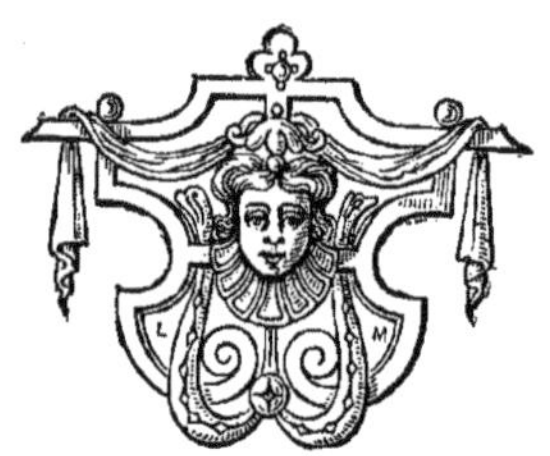

www.ingramcontent.com/pod-product-compliance
Ingram Content Group UK Ltd.
Pitfield, Milton Keynes, MK11 3LW, UK
UKHW022150260726
13993UKWH00005B/2273

9 782329 500782